I0172868

Todos los libros de Linkgua Ediciones cuentan con modelos de Inteligencia Artificial entrenados por hispanistas. Pregúntale al chat de tu libro lo que desees acerca de la obra o su autor/a.

Para ebooks: Accede a nuestro modelo de IA a través de este enlace.

Para libros impresos: Escanea el código QR de la portada con tu dispositivo móvil.

Obtén análisis detallados de nuestros libros, resúmenes, respuestas a tus preguntas y accede a nuestras ediciones críticas generativas para una experiencia de lectura más enriquecedora.
La transparencia y el respeto hacia la autoría de las fuentes utilizadas son distintivos básicos de nuestro proyecto. Por ello, las respuestas ofrecen, mediante un sistema de citas, las fuentes con las que han sido elaboradas.

Manuel de Zequeira y Arango

Poemas

Barcelona 2024
Linkgua-ediciones.com

Créditos

Título original: Poemas.

© 2024, Red ediciones S.L.

e-mail: info@linkgua.com

Diseño de cubierta: Michel Mallard.

ISBN rústica: 978-84-96428-84-3.
ISBN ebook: 978-84-9897-994-7.

Cualquier forma de reproducción, distribución, comunicación pública o transformación de esta obra solo puede ser realizada con la autorización de sus titulares, salvo excepción prevista por la ley. Diríjase a CEDRO (Centro Español de Derechos Reprográficos, www.cedro.org) si necesita fotocopiar, escanear o hacer copias digitales de algún fragmento de esta obra.

Sumario

Brevísima presentación

La vida

Manuel de Zequeira y Arango (1764-1846). Cuba. Nació en La Habana, en una familia noble y acuadalada. Estudió en el Seminario san Carlos y san Ambrosio historia, literatura y cultura latina; y más tarde ingresó en el Regimiento de Infantería de Soria, en España.

A los veintiocho años escribió y publicó poemas y ensayos literarios en varios periódicos de La Habana. Participó, además, en muchas expediciones militares, en Cuba y las Antillas. Más tarde estuvo en Venezuela y el Virreinato de Nueva Granada. Su actividad bélica propició que recibiese algunos honores.

Después se estableció en La Habana y se casó. Por esa época trabajó en *El aviso, El Criticón, El Mensajero político económico y literario, El Noticioso Mercantil, El Observador Habanero, La Lira de Apolo* y el *Papel Periódico*.

En 1821 Zequeira se fue a vivir a la provincia cubana de Matanzas, sirviendo en el ejército español con el grado de coronel. Por entonces aparecieron los primeros síntomas de una demencia que no pudo superar.

La primera edición de las poesías de Zequeira fue publicada en Nueva York con el título *Poesías del coronel don Manuel de Zequeira y Arango* y estuvo a cargo de Félix Varela.

9

Ataque de Yacsí

Canto heroico

¿Es posible guerreros españoles,
Que fallezca en los brazos del silencio
El ardor generoso que en los campos
De Yacsí demostraron vuestros pechos?

¡Que! ¿Los labios sagrados de la fama
No podrán en los siglos venideros,
Prestarle nueva vida a vuestros nombres
Como la gozan hoy nuestros abuelos?

¡No viven los Pelayos, y los Cides,
Aun no son en la historia sempiternos!
¡Y el formidable godo inmortal siempre
Sobre los fastos del romano imperio!

¡No vive el numantino! ¿Aun en cenizas
No conservan gloriosos monumentos?
¡No viven los Corteses, los Corteses
Única admiración del universo!

Respondedme, invencibles españoles,
Que habéis visto los rayos carniceros
Del dios de las batallas en los llanos
De Yacsí, llanos crueles y funestos.

¿Que, quedareis exentos de la gloria
Sin que os haga inmortales vuestro aliento?

¿Y os dará sepultura el negro olvido,
Mientras la fama dio la vida a ellos?

¿Será vuestro valor menos ilustre,
Porque fueron fatales los sucesos?
¿O será del laurel tan menos digna
Vuestra sangre vertida sin provecho?

¡Que! ¿Aquellos vencedores, que felices
Los triunfos alcanzaron sin el riesgo,
Serán mas meritorios de la gloria,
Que los que por lograrla perecieron?

Confúndete, fortuna, que has querido
En la suerte fatal de los guerreros,
Coronar de laureles a los unos
Y negar a los otros tus aciertos.

Confúndete ¡o cruel! que la justicia
Benigna y recta distribuye el premio:
Ella inspira sus gracias a Caliope
Para que yo las preste al Orbe entero.

Ya siento resonar su eburnea trompa,
Ya me iluminan sus sonoros ecos,
Y miro penetrar su son divino
Del ártico al antártico hemisferio.

Su furor de mi sangre se apodera,
Y a Yacsí me transporta acentos.
¡Formidable entusiasmo! Dime Musa
¿Cabrá en lo heroico tan sublime objeto?'

Venía agitando sus dorados brutos
La aurora por las cimas de los cerros,
Despedazando con sus ruedas de oro
Las oscuras imágenes del sueño:

Cuando empezaron a tomar las armas
Las tropas, y a ponerse en movimiento
Y con la roja luz del nuevo día
A mí se me figura estarlos viendo,

Ya marcha por el campo la columna
De los hijos de Marte, ya sedientos
Del honor y la gloria se avecinan
Con intrépido paso a los encuentros.

Yo miro les aceros relumbrantes
A los ojos mil muertes ofreciendo
Y miro desplegadas las banderas
Amenazando a la región del viento.

También oigo el estrépito terrible
De sonoros marciales instrumentos,
Y el lenguaje mortal con que Belona
En la escuela a sus hijos da preceptos:

Yo distingo los Jefes señalando
Los destinos de todos, y los puestos,
Y descubro pasearse entre las filas
Al valor con semblante muy severo.

Yo diviso los carros, y aún escucho

El crujir de sus ruedas, bajo el peso
De portátiles truenos y centellas,
Que labró la impiedad con misto y fierro:

También miro los brutos espumosos
Sus crines erizando sobre el cuello,
Batiendo con los pies la ardiente arena,
Y tascando rabiosos duros frenos.

Yo los veo agitarse noblemente,
Al son de los clarines respondiendo
En fogosos relinchos, y encararse
A las brillantes armas con denuedo.

Pero ya la columna se adelanta,
Y al peligro se acerca por momentos,
Penetrando con pasos atrevidos
El intimo lugar de un bosque espeso.

Un vómito encendido de Vulcano,
Que acopia en breve llama estrago inmenso,
Despertando a la ninfa de Narciso
Dio señal de combate con sus ecos.

Apenas dispararon los contrarios
Desde el bosque en que estaban encubiertos,
Cuando vimos quejarse de los plomos
Las verdes ramas y los troncos secos.

Al instante las ninfas de los montes
En los antros se efugían mas secretos,
Y son desde sus cóncavas entrañas

Temerosos testigos del encuentro.

Llenos de asombro pánico abandonan
Los dioses Faunos sus floridos templos,
Y asustadas las simples avecillas
A otros campos volaron mas serenos.

¡Pero que miro! ¡Que furor es este!
¡Las crueles furias de semblantes fieros
Se me presentan con ardientes teas
Inspirando el combate mas horrendo!

¿Que aguardáis invencibles españoles?
¿Cuando el aire en relámpagos sangrientos
Se convierte, vosotros dentro el bosque
Las armas mantenéis sin movimiento?

¿Mas qué podéis hacer? si el enemigo
Asestando sus tiros encubierto,
Disfruta del terreno las ventajas,
Y espera la victoria por momentos.

La horrible oscuridad de la emboscada,
La estrechez del fatal desfiladero,
El horrísono silbo de las balas,
El camino impedido con los muertos.

El piso cenagoso, los caballos
En confuso desorden con el fuego,
El estrago infernal de la metralla
Que aun derriba los robles mas soberbios ;

Cortada la vanguardia con el río,
Atascados los carros en el cieno,
Sin poderse jugar la artillería,
Regados por el lodo los pertrechos ;

El fuego sin cesar de los contrarios,
La ruina, y alaridos de los muertos,
Ya en turbas la vanguardia repartida,
La retaguardia en filas sin concierto:

Todo, todo españoles pronostica
Vuestro cercano fin, y el vencimiento
Se decide a favor del enemigo,
A pesar de la industria y del esfuerzo

Va miro a la victoria con sus alas
Rápida descender del alto cielo,
Y dirigirse al enemigo campo
Coronas de laureles ofreciendo.

Ya les orla sus sienes, ya gloriosos
A la deidad tributan mil inciensos,
Ya sus victorias suenan... ¡más qué digo!
Aún no desmaya el español aliento.

Antes heridas de furiosa saña
Las generosas vidas sosteniendo
Disputan el laurel, y arrebatarlo
Piensan en el estado más funesto.

¡O naciones aliadas de la Europa!
Si os inspiran valor tales ejemplos,

Un rato contemplad en este lance
La virtud española y sus efectos.

Mirad como el intrépido soldado
Menospreciando impávido los riesgos
Desatasca los carros impedidos,
Dócilmente las bestias impeliendo.

Mirad con qué valor, con qué constancia
Sumergidos los jefes en el cieno,
Deseosos de batir al enemigo
Andan las municiones recogiendo

Mirad como el más débil se interesa,
Y al trabajo estimula al más violento:
No se conoce superior alguno,
A todos los anima un propio empeño:

Mirad como después se precipitan
De tierra y de sudor todos cubiertos
En los torrentes del undoso río,
Que tiñen con la sangre de sus cuerpos:

Mirad la intrepidez con que ganando
Van la contraria orilla, resistiendo
No tan solo la rápida corriente,
Sino también el ímpetu del fuego:

Mirad, salvos del agua, como todos
Van el orden cobrando de sus puestos,
Y mirad como absorto el enemigo
Retrocede a reñir en campo abierto:

Mirad con que fierísimo coraje
Van, se acercan mas ¡ah! que ya no tengo
Colores vivos, ni expresiones dignas
Con que poder trazar sus ardimientos.

Ya mi numen, no sé si horrorizado
A la vista de choque tan severo,
Trastorna los compases, y la trompa
Trémula se desprende de mis dedos.

Vuelve, Caliope, vuelve, y de divino
Furor enciende mis humildes versos,
Has que mi mente brote enardecida
La centella menor de tus conceptos.

Van, se aproximan, y con cruda saña
La fiera lid trabaron cuerpo a cuerpo,
Con tal voracidad que a poco instante
Gritaron con terror los elementos:

El tenaz adversario enfurecido
Indómito mostrando su despecho,
Duplica con sus armas los horrores,
Arde el aire, y en círculos espesos

El cielo se vistió de sombras pardas,
El sol amarilló su rojo aspecto,
Y oprimida la tierra del combate
Siente, o caduca en brutos esperezos.

Cuanto se hace expectable es noche ardiente,

Anda la muerte oculta en humo denso,
Y entre torrentes de espumosa sangre
Exánimes palpitan los espectros.

Ya el brutal enemigo acobardado
Sin dejar de reñir iba cediendo,
Cuando alentarlos otra vez procura
La insana voz de su caudillo fiero:

"Avanzad, ciudadanos, les decía,"
Reforzad la vanguardia, defendeos,
"Mirad que la ambición de esos tiranos"
Nos pretende usurpar un bien inmenso.

"La amable libertad es el tesoro,"
"Y la causa común de tanto empeño,"
En ella sola nuestro bien consiste,
"¡Y amareis el vivir si la perdemos!"

"Antes con su trisulco el dios terrible
"Confunda nuestros ánimos soberbios,
"Que a ser esclavos de los mismos hombres
"Se llegue someter nuestro derecho:

"Avanzad, ciudadanos, ¿qué os detiene?
"Avanzad, no temáis, pues nada menos
"Que vida y libertad hoy nos animan,
"Redoblad vuestros ánimos, ellos."

De la suerte que el mar embravecido
Cansado retrocede, pero luego
Vuelve herir y chocar con mayor furia

Pretendiendo salirse de su centro;

Con duplicada fuerza y mayor brío
El bárbaro contrario arremetiendo
Hiere, choca con ímpetu tan grande,
Que aun es su furor el campo estrecho.

Pero en vano infelices solicitan
Adornarse las sienes de trofeos,
Cuando ya los espíritus hispanos
A morir a vencer están dispuestos.

Yo los vi... ¡O memoria de aquel día!
Yo he visto a los feroces granaderos
Abandonando las ardientes armas
Recurrir a los últimos extremos.

Por otra parte la caballería,
Estimulados del mas noble celo,
Coléricos los brutos apresuran
Sueltas las bridas y el ijar batiendo.

Espesa nube de funesto polvo
Levanta el golpe de sus pies ligeros,
Y con la densa confusión que forma
Los unos y los otros se cubrieron.

Horrible ruido se escuchó al instante,
Semejante al rugido de los truenos
Que anunciando de Júpiter las iras,
Amenaza tragarse al universo.

Ellos rompen, deshacen, desbaratan,
Atropellan, y saltan por el medio
De las sólidas filas del contrario
Mil rayos de sus diestras despidiendo:

Ellos embisten a la turba osada,
Y aunque procuran escapar violentos,
A unos les corta la cuchilla el paso,
Y otros se quedan del temor suspensos:

Ellos destrozan con el arma blanca
Los postreros terrores infundiendo,
Y el fuego mismo se desmaya y hiela
Al verles empuñados los aceros.

Chocan las armas de los combatientes
Llamas brotando de sus duros centros,
Y aunque se apagan en la sangre todas,
Otras resultan de los golpes nuevos.

Se oyen los ayes de los moribundos,
Crecen las iras con gigantes vuelos,
Y todo cuanto la atención descubre
Es negra imagen del profundo averno.

Suena el bárbaro herir por todas partes,
Por todas partes del infausto suelo
Salta la sangre, y salpicando finge
Lluvia copiosa de licores cruentos.

Y de la suerte que el airado Noto
Desenfrenado de su oscuro seno,

Va derribando por la verde selva
Todas las hojas y los ramos bellos ;

Por todo partes derribadas yacen
De muchas vidas el lloroso resto,
Y en Yacsí no hay lugar que por oculto,.
De estragos lamentables no esté lleno.

Este presenta ensangrentado el rostro,
Allí se encuentra sin cabeza un cuerpo,
Aquel derrama por nariz y boca
Caños de sangre entre clamores tiernos:

Otro levanta allá la altiva frente.
Y con ojos airados mira al cielo,
Y antes de articular sus amenazas
Le abandona el espíritu blasfemo:

Cuál al impulso del triunfante golpe
Sobre el campo fatal yace deshecho,
Cuál en su negra sangre se revuelca,
Y cual se bulle dividido en miembros.

Aquel vomita por la horrenda herida
Las míseras entrañas, y volviendo
El angustiado rostro al lamentarse,
Abre la boca, y faltarle el aliento.

Por otro lado los despojos miro
De infinitos vencidos, que muriendo
Dejan regados sin marcial donaire
Las espadas, los brazos y sombreros.

Ya solo en la campaña aparecía
Nuestra gloriosa tropa, convirtiendo
En compasión la ira al ver poblada
La tierra de tan lúgubres fragmentos.

La muerte entonces con veloces alas
Enarbolando su estandarte negro,
Por los aires voló precipitada,
Seguida de fantasmas macilentos;

Y apagando las Furias infernales
Sus voraces azotes al momento,
Mas crueles esta vez que satisfechas,
Huyen nuevas escenas inquiriendo.

Al mismo instante en su luciente carro
Gira el dios Marte de coronas lleno,
Y acompañado de las bellas Gracias
Dejó pasando a la Victoria en premio.

Después la Gloria con risueño rostro
Las sienes besa al escuadrón egregio,
Brindándole con manos inmortales
Timbres que ilustren los futuros tiempos;

Sintieronse los aires mas tranquilos,
La tierra sosegó sus movimientos,
Mostró la esfera su horizonte claro;
Y su agradable faz el rubio Febo.

Resonaron las grutas apartadas

Heridas de los bélicos conciertos,
Poblándose los campos de alegría
Y victores que llegan hasta el cielo:

Las Cítaras aladas más sonoras
A sus verdes estancias se volvieron
Y en métricas dulzuras tributaron
A la victoria su debido obsequio.

Vosotros, españoles, que entretanto
Los gloriosos despojos recogiendo
Dais materia fecunda a las historias
Y a la fama brillantes fundamentos ;

Permitid que interrumpa de mi *lira*
La débil voz de su cansado aliento,
Mientras más docta musa dedicare
A vuestro inmortal nombre elogios nuevos.

El motivo de mis versos

Canta el forzado en su fatal tormento,
Y al son del remo el marinero canta,
Cantando, al sueño el pescador espanta,
Y el cautivo cantando está contento:

Al artesano en su entretenimiento
Le divierte la voz de su garganta;
Canta el herrero que el metal quebranta,
Y canta el desvalido macilento.

El más infortunado entre sus penas
Con la armónica voz mitiga el llanto,
Y el peso de sus bárbaras cadenas;

Pues si el dulce cantar consuela tanto
Al mísero mortal en sus faenas,
Yo por burlar mis desventuras canto.

A la vida

Vida, que sin cesar huyes de suerte
Que no eres de ningún bien merecedora,
¿Por qué quieres llevarme encantadora
Con alegre esperanza hasta la muerte?

Si el tiempo que risueña te divierte
Es el mismo al fin que te devora
Por qué te he de apreciar si a cada hora
Se me acerca el momento de perderte.

Mas, ¿qué pierdo en perderte? La vil parte
De la miseria humana, el cuerpo indigno
Que debieras más bien de él alejarte,

Si a más vida, mas males imagino
Ya me puedes dejar, que yo en dejarte
Harto que agradecer tengo al destino.

El destino

Del grueso tronco del mejor madero,
Suele arbitrariamente el artesano,
Hacer que salga de su docta mano
El asiento que ocupa un zapatero:

Toma otras veces este mismo obrero
Una porción del leño más villano,
Y forma con instinto soberano
El busto de una diosa o de un guerrero.

El destino también inicuamente
Al artífice imita en sus deslices,
Haciendo venturoso al delincuente;

Y aquellos que debieran ser felices
Por sus nobles virtudes, inclemente
Los deja miserables e infelices.

Contra el amor

Huye, Climene, deja los encantos
Del amor, que no son sino dolores;
Es una oculta sierpe entre las flores
Cuyos silbos parecen dulces cantos:

Es néctar que quema y da quebrantos,
Es Vesubio que esconde sus ardores,
Es delicia mezclada con rigores,
Es jardín que se riega con los llantos:

Es del entendimiento laberinto
De entrada fácil y salida estrecha,
Donde el más racional pierde su instinto:

Jamás mira su llama satisfecha,
Y en fingiendo que está su ardor extinto,
Es cuando más estrago hace su flecha.

El valor

Brame si quiere encapotado el cielo:
Terror infunda el lóbrego nublado
Montes desquicie el Bóreas desatado,
Tiemble y caduque con espanto el suelo:

Con hórrido estallido el negro velo
Júpiter rompa de la nube airado:
Quede el Etna en las ondas sepultado:
Quede el mar convertido en Mongibelo:

La máquina del orbe desunida,
Cumpliendo el vaticinio, y las supremas
Leyes, caiga en cenizas reducida:

Por estas de pavor causas extremas,
Ni por las furias que el tirano
Como temas a Dios, a nada temas.

A la injusticia

Al tribunal de la injusticia un día,
El mérito llegó desconsolado,
A la deidad rogándole postrado
Lo que por sus hazañas merecía:

Treinta años de servicios exponía,
Diez batallas, herido, acreditado,
Volvió el rostro la diosa al desdichado
Y dijo: no ha lugar, con voz impía.

Mostró luego el poder sus pretensiones,
Y la ingrata a obsequiarlo se decide,
Aunque oye impertinentes peticiones;

Y cuando injusta al mérito despide,
Al poder por razón de sus doblones,
La deidad decretó: como lo pide.

Contra la guerra

De cóncavos metales disparada,
Sale la muerte envuelta en estampido
Y en torrentes de plomo repartido
Brota el Etna su llama aprisionada.

El espanto, el dolor, la ruina airada,
Al vencedor oprimen y al vencido,
Huye esquivo el reposo apetecido,
Solo esgrime el valor sangrienta espada:

El hombre contra el hombre se enfurece,
Su propia destrucción forma su historia,
Y de sangre teñido comparece

En el sagrado templo de la gloria
Cese hombre tu furor, tu ambición cese,
Si el destruirte a ti mismo es tu victoria.

La ilusión

Sic transit gloria huius mundi.

Soñé que la fortuna en lo eminente,
Del más brillante trono, me ofrecía
El imperio del orbe, y que ceñía
Con diadema inmortal mi augusta frente:

Soñé que hasta el ocaso desde oriente,
Mi formidable nombre discurría,
Y que del septentrión al mediodía,
Mi poder se adoraba humildemente;

De triunfantes despojos revestido,
Soñé que de mi carro rubicundo,
Tiraba César con Pompeyo uncido:

Despertóme el estruendo furibundo,
Solté la risa y dije en mi sentido,
Así pasan las glorias de este mundo.

Las mujeres aman a los hombres

Solamente por interés

Verás amigo un burro alivolante,
A un buey tocar la flauta dulcemente,
Correr una tortuga velozmente
Y hacer de volatín un elefante:

En requesones vuelto el mar de Atlante,
Y de Guadiana el agua en aguardiente,
El Ebro, Duero y Tajo con corriente
De generoso vino de Alicante

Verás durante el Sol lucir la Luna,
Verás de noche el Sol claro y entero,
Verás para su rueda la fortuna

Estos portentos, sí, verás primero
Que puedas encontrar mujer alguna
Que quiera al hombre falto de dinero.

La aparición del cometa

No envidio la pluma de Cervantes,
Ni del Argivo la sonora trompa,
Ni el lauro de Colón por más que rompa
Nuevos caminos a los navegantes.

No codicio los pinceles de Timantes,
Aunque el tiempo sus tintes no corrompa,
Ni de Alejandro la triunfante pompa,
Ni el distinguido empleo de los almirantes.

No apetezco ver los muros de la China,
Ni conocer a Napoleón me inquieta
Por más que suene en la inmortal bocina.

Otra cosa anhela mi pasión discreta,
Y es que siempre me viera mi Corina
Con la atención que el vulgo ve al cometa.

A Narcisa en sus días

¡Qué estupendo banquete, qué función
Te preparo, oh Narcisa, qué festín!
Tendrás las ricas frutas de Turín,
Las tortas te vendrán desde Tolón.

El rey de Esparta tocará el violón,
El de Palmira trinará un violín
Y Alejandro vendrá con el flautín
Que tocaba el ilustre Agamenón.

Treinta mil reposteros te vendrán
De Pekín, de Moscú y de Jaén
Y un millón de princesas de Tetuán:

De Sajonia será dorado el tren;
Y contigo los dioses beberán
Del licor que bebió Matusalén.

A la piña

Del seno fértil de la Madre Vesta,
En actitud erguida se levanta
La airosa piña de esplendor vestida,
Llena de ricas galas.

Desde que nace, liberal Pomona
Con la muy verde túnica la ampara,
Hasta que Ceres borda su vestido
Con estrellas doradas.

Aun antes de existir, su augusta madre
El vegetal imperio la prepara,
Y por regio blasón la gran diadema
La ciñe de esmeraldas.

Como suele gentil alguna ninfa,
Que allá entre sus domésticas resalta
El pomposo penacho que la cubre
Brilla entre frutas varias.

Es su presencia honor de los jardines,
Y obelisco rural que se levanta
En el florido templo de Amaltea,
Para ilustrar sus aras.

Los olorosos jugos de las flores,
Las esencias, los bálsamos de Arabia,
Y todos los aromas, la Natura
Congela en sus entrañas.

A nuestros campos desde el sacro Olimpo,
El copero de Júpiter se lanza;
Y con la fruta vuelve que los dioses
Para el festín aguardan.

En la empírea mansión fue recibida
Con júbilo común, y al despojarla
De su real vestidura, el firmamento
Perfumó con el ámbar.

En la sagrada copa la ambrosía
Su mérito perdió, y con la fragancia
Del dulce zumo del sorbete indiano,
Los Númenes se inflaman.

Después que lo libó el divino Orfeo,
Al compás de la lira bien templada,
Hinchendo con su música el empíreo,
Cantó sus alabanzas.

La madre Venus cuando al labio rojo
Su néctar aplicó, quedó embriagada
De lúbrico placer, y en voz festiva
A Ganimedes llama.

«La piña, dijo, la fragante piña,
En mis pensiles sea cultivada
Por mano de mis ninfas; sí, que corra
Su bálsamo en Idalia.»

¡Salve, suelo feliz, donde prodiga

Madre Naturaleza en abundancia
La odorífera planta fumigable!
¡Salve feliz Habana!

La bella flor en tu región ardiente
Recogiendo odoríferas sustancias,
Templa de Cáncer la calor estiva
Con las frescas Ananas.

Coronada de flor la primavera,
El rico otoño, y las benignas auras
En mil trinados y festivos coros
Su mérito proclaman.

Todos los dones, las delicias todas,
Que la Natura en sus talleres labra,
En el meloso néctar de la piña
Se ven recopiladas.

¡Salve divino fruto! y con el óleo
De tu esencia mis labios embalsama:
Haz que mi musa de tu elogio digna
Publique tu fragancia.

Así el clemente, el poderoso Jove,
Jamás permita que de nube parda
Veloz centella, que tronando vibra,
Sobre tu copa caiga:

Así en tu rededor jamás Belona
Tiña los campos con la sangre humana,
Ni algún tirano asolador derribe

Tu trono con su espada:

Así el céfiro blando en tu contorno
Jamás se canse de latir sus alas,
De ti apartando el corruptor insecto
Y el aquilón que brama.

Y así la aurora con divino aliento
Brotando perlas que en su seno cuaja,
Conserve tu esplendor, para que seas
La pompa de mi Patria.

A la brisa

Rompe en oriente sus prisiones Eolo,
Tiende sus alas, y con blando aliento
Bate en la concha del neptúneo carro
Lleno de Pompa.

Siguen su rumbo los tritones, siguen
Cándidas ninfas sus etéreos pasos
Liras templando de cristal sonoro
Dulces sirenas.

Bajo sus alas el campeón ibero
Llega a regiones peregrinas donde
Guarda su gloria y su memoria el ancho
Valle de Otumba.

Sobre tapices de esmeralda Ceres
Dulces placeres con Pomona parte
Cuando reparte la risueña brisa
Gratos aromas.

Puesto a la sombra del abeto, entonces
Oigo los mirtos y laureles santos
Cómo conversan con el aire, y cómo
Flora se anima.

La ave de Venus con amante pico
Llama al consorte de su nido ausente,
Dando al ambiente el parabién, y dando
Tiernos arrullos.

Todo se mueve con festivo enlace,
Driades y Faunos en sus verdes templos
Danzan los unos, y los otros tocan
Rudos silbatos.

Cuando tú soplas oh sagrada brisa,
Todo revive con tu aliento, y cuando
Vienes se alegra la fecunda en oro
Tórrida zona.

El banquete

No fue solo el satírico de Francia
Del banquete importuno fiel testigo
Que a su lira prestó tanta elegancia:

Yo también si me escuchas, Claudio amigo,
Te instruiré de otro lance, cuya escena
Trágica contar puedo por testigo.

Es el caso que ayer Doña Ximena
Celebrar de su esposo Don Sempronio,
Quiso el natal, y un gran banquete ordena.

Por darme de amistad buen testimonio
Entre treinta que fueron, un billete
Me cupo por astucia del demonio.

¡Grande honor para aquel que en su retreta
Por costumbre frugal en apetito,
Más le sacia el silencio que el banquete!

Porque no me imputaron un delito,
Fui puntual, ostentando cortesía
Exterior; pero el alma en gran conflicto.

A tres horas después del mediodía
Principióse el obsequio en cuyo instante
Mi débil vientre estaba en agonía.

¡Caprichosa costumbre, interesante

Para el moderno gusto, que consiste
En dar blando martirio al circunstante!

Con grato aspecto y pensamiento triste
Ocupé mi destino, y a mi lado
Un joven se sentó de garbo y chiste;

Pasar quiero en silencio el delicado
Aseo en las vajillas ¡quién creyera
Que había para un ejército sobrado!

No fue bambolla el aparato, era
La abundancia efectiva, porque un pozo
De sopa se plantó con su caldera.

No Camacho en Cervantes tan costoso
Dio más a conocer de su rudeza
La probidad en todo generoso.

Como el tal Don Sempronio: nunca mesa
Lucio con tan opípara abundancia,
Nada de fililí, todo grandeza.

Un toro asado vi, cuya distancia
De lugar ocupaba... ¿Claudio Amigo,
Ríes porque te hace disonancia?

Pues vive el rey *Clarion*, que hablo contigo,
Nadie nos oye, sufre, soy poeta
Y contra todos mi torrente sigo.

No es hipérbole, no, mas si te inquieta

Esta voz sin mudar de consonantes
Escúchame cual ato la historieta.

En desorden común los circunstantes
Con rumor sus asientos ocuparon
A manera de tropas asaltantes.

Aquí, Claudio, mis penas principiaron
Cuando vi de los pajes la gran tropa
Y los varios manjares que acopiaron.

¡Qué pregón! ¡Qué algazara! ¡Vaya sopa,
(Gritaban) tallarines... macarrones...!
Y en esto un plato con el otro topa.

Sobre mí vi llover los empellones
De un gargantón que a mi siniestra había,
Más voraz que quinientos sabañones.

Con la vista los platos recorría,
Y resollando como inmundo cerdo
Las viandas devoraba y engullía.

A veces como en sómnico recuerdo
Monosílabos solo contestaba,
En repetir los tragos nada lerdo.

Frente por frente de mi asiento estaba,
Otro extranjero bozalón, que todo
Con mil incultas frases encomiaba.

Allá a su medio idioma y a su modo,

La galina decía, estar charmante,
Y a cada instante levantaba el codo.

A su diestra, con plácido semblante,
Zoylo estaba mil brindis repitiendo,
Injuriando a Helícona a cada instante.

El estilo jocoso fue exprimiendo
Del *barrio del Barquillo* la agudeza,
Con chistes de Manolos zahiriendo.

Unas veces hablaba con terneza,
Y otras muchas gritaba atolondrado
Hasta *echarse de bruces en la mesa.*

Cual si fuese otro Horacio, acalorado
Principió a criticar mi poesía,
Por agradar y parecer letrado.

Encendida en furor la fantasía
Reputaba mis versos por malditos,
Interpretando lo que no entendía:

Una sílaba solo con mil gritos
Corrigióme, sin ver que de su absurdo
Se burlaban los necios y peritos.

Hubo otro tiempo en Argos un palurdo
Que de poeta, sin serlo, presumía
(También hay vanos bajo paño burdo).

Este loco ignorante marchó un día

Presuntuoso y contento al coliseo,
A tiempo que en el teatro nadie había.

Inflamado de ardor Apolineo,
Delirante el palurdo imaginaba,
Los aplausos que quiso su deseo;

Sin escuchar actores se alegraba,
Y figuróse sin haber compuesto,
Que una comedia suya se operaba.

Ya entiendes, Claudio, lo que digo en esto,
Si a ti para advertir las alusiones
Te sobra astucia en lo que ves expuesto:

Volvió, Zoylo, a enhebrar sus maldiciones,
Efectos de su mísero ejercicio,
Queriendo al sacro Pindo dar lecciones.

¡Oh fatal, dije, abominable vicio!
Solo el médico habla de remedios,
Cada artesano trata de su oficio.

El rústico jamás toca de asedios;
Pero siempre los necios tienen todos,
Para injuriar las musas, torpes medios.

Aquel que ignora los discretos modos
Con que los simples se preparan, sepa
Que en vez de medicinas hará lodos:

Lo mismo aquel que, presumido, trepa

Sin balancín en cuerda, y sin auxilio
El pie se le resbala y le discrepa.

Pues si Zoylo jamás leyó a Lucilio,
Ni comprende las sátiras de Horacio,
¿Qué concepto merece? El de Basilio.

Y con todo en inmundo cartapacio
Se atreve a publicar su critiquilla
Que de verla no ceso, ni me sacio.

Perdona, Claudio, si es que la mancilla
De un parásito vano, ha interrumpido
El orden de mi sátira sencilla.

Volvamos al banquete donde, erguido,
Mebio también con tono destemplado
Daba muestra de ser varón leído.

Fabio, que estaba junto a mí sentado,
Reventaba de risa, y muy frecuente
Con su codo tocaba en mi costado.

Yo procuré apretar diente con diente,
Para no prorrumpir la carcajada,
Ni ser de Baco víctima inclemente.

Me contuve pensando en la extremada
Locura de Alejandro entre los vinos,
Hiriendo a Clito con su lanza airada:

Y también recordé los desatinos

Con que Calistenes sufrió la muerte
Porque a sus cultos resistió divinos.

Muy de continuo con acento fuerte
Bomba... bomba... Don Mebio repetía,
Y en cada bomba una botella vierte.

Con voz ronca *mil erres* prorrumpía,
Y, exhalando sudor su aspecto rojo,
Quitóse el corbatín que le oprimía.

Ya en sus pies vacilaba el cuerpo flojo,
Y aun temía que imitara a Polifemo
Cuando en la triste cueva perdió el ojo.

De crítico adulón, pasó a blasfemo,
Y perdiendo del todo la *chabeta*
Cada vez deliró con más extremos.

En fin, Mebio con cara de baqueta,
De todos recibió funesto trato,
Terminóse el banquete, y cual saeta
Me aparté por no ver tal mentecato.

A Lelio

Lleva, Lelio, a la sombra
De la fuente vecina,
Los vasos, las botellas,
Y la sonora lira:

De yedra coronados
Sentados a la orilla
Alegres beberemos
Con las campestres ninfas.

No cantaré el azote
De guerras numantinas
Ni la sangrienta espada
Del invencible Aníbal;

No en púrpura tenidos
Los mares de Sicilia,
Ni el Cíclope asaltando
La esfera cristalina.

No al héroe macedonio
De Marte imagen viva,
Sobre el triunfante carro
Talando por las Indias.

No, Lelio, no, estos cantos
Mis cabellos erizan,
Las cuerdas se revientan,
Y crujen las clavijas;

Pero, sí, cantaremos
Las tres hermanas ninfas
Con el hijo vendado:
Y a su madre divina;

Cantaremos a Baco
De vid la sien ceñida,
Con amorosas hojas
Y derramando risas:

El céfiro halagüeño,
Las dulces avecillas,
El arroyo plateado
Y el rumor de las guijas:

Todos estos placeres
En la fuente vecina,
Bebiendo llenos vasos,
Harán sonar la lira.

A Carmelina

Con la sonora trompa
De Caliope divina,
Cantaba yo de Aquiles
Las bélicas conquistas:

El furor de los griegos,
Las fúnebres cenizas
Del Ilión, y la suerte
De Andrómaca afligida,

Tan hórridos acentos
Los ecos repetían,
Cuando un pasmo amoroso
Dejó mi sangre tibia;

Poco a poco el aliento
De mí se despedía,
Negándose la trompa
Al soplo que la anima.

Perdí en fin los compases,
Creció más mi fatiga;
Hasta que vino Erato
Cediéndome su lira:

«Canta, me dijo, toca
En ésta, que yo misma
Te animaré si cantas
La dulce Carmelina:

No cantes de Belona,
Ni de Marte las iras;
Canta, sí, las de Venus
Y de tu amor reliquias.»

Yo tomé el instrumento,
Y a tiempo que la ninfa
Me dictaba los sones
En las cuerdas divinas.

Entonces se aparece
La tierna Carmelina,
Circundada de amores,
De gracias y de risas.

Y al verla, de las manos
Se desprendió mi lira,
Quedándose suspensa,
Erato, y yo sin vida.

A la misma

En un prado a la sombra
Donde la primavera,
A las rosas y lirios,
Les daba vida nueva,

Mi Carmelina estaba
Divertida una siesta,
Difundiendo en los aires
Fragancias de Amaltea:

Formando caracoles
Susurraba una abeja,
La flor examinando
Que más jugo tuviera:

Cesó por fin su vuelo,
Y en las mejillas tiernas
De Carmelina, ansiosa
Chupó las azucenas;

Batió después sus alas,
Volvió a girar contenta,
Sintió el veneno dulce
Y reventó la fiera.

A la misma

Entre un coro de ninfas
Retozaba contento
Cupidillo desnudo
De su carcaj funesto:

Dulcemente las unas
Le estrechan en su seno,
Imprimiendo las otras
En sus mejillas besos.

Cada cual a porfía
Celebra al rapazuelo,
Llenándole de flores
Y cintas el cabello:

Pasaba por acaso
Carmelina a este tiempo
Con inocentes risas
Hechizando los cielos:

Sus labios de corales,
Sus dulces movimientos,
Sus rosas, y sus lises,
Sus mejillas y cuello;

Todo brillaba en ella
Con más puros reflejos,
Que Febo cuando opaca
Los astros y luceros;

Cupido avergonzado
Batió veloz su vuelo,
Al ver que Carmelina
Triunfaba en los afectos;

Legó donde su madre,
Lloroso del desprecio,
Llenando de gemidos
El templo citéreo:

Mas Venus al mirarle
Con tan tristes lamentos,
Tomándole en sus brazos
Le consoló diciendo:

«No llores, hijo mío,
Serena el rostro bello,
¿No sabes que es tu hermana
La que causo tus celos?»

Letrillas

Si algún galán o mozuelo
Dijere con voz confusa
Que es embustera mi musa,
Que se lo cuente a su abuela.

Si el sastre más afamado,
Cuando traza algún vestido,
Asegura que ha cumplido
Con la palabra que ha dado;
Y que siempre que ha cortado,
Para sí no guardó tela,
Que se lo cuente a su abuela.

Si por honrar su espadín
Cita el militar campañas,
Sin mostrar otras hazañas
Que heridas del bisturín:
Y arguye que en San Quintín
Le quitaron una muela,
Que se lo cuente a su abuela.

Que quiera el adulador
Sufrir cual lacayo o paje,
Desprecios del personaje
De quien espera un favor
Sin que el alma en su interior
No se abochorne y le duela,
Que se lo cuente a su abuela.

Que el avaro nunca asome
En su mesa el rico vino
Porque embriaga, y que el tocino
Le da empacho si lo come,
Y chocolate no tome
Porque hace mal la canela,
Que se lo cuente a su abuela.

Si Laura, que no ha tenido
Título, renta, o pensiones
Se presenta en las funciones
Con el más rico vestido,
Y jura que su marido
Por vestirla se desvela,
Que se lo cuente a su abuela.

Si porque Nise ha blanqueado,
Siendo oscura como hollín,
Asegura que el carmín
No es quien la ha vivificado,
Y afirma que no ha zurrado
Su cutis como garcela,
Que se lo cuente a su abuela.

Si alguien de mis tijeretas,
Se apropiare algún vestido
Para salir a la moda,
Buena suerte le ha cabido.

Al que indiscreto se casa
Con una niña bonita,
Que gusta de la visita

Cuando el novio no está en casa,
Y siendo la renta escasa
Ostenta un porte lucido,
Buena suerte le ha cabido.

Al que sedujo el honor,
(Que el honor también engaña)
Y ha regado la campana
Con la sangre y el sudor,
Y ve que otro por favor
Logra lo que él no ha podido,
Buena suerte le ha cabido.

Al miserable usurero,
Verdugo de su existencia,
Que ha vivido en penitencia
Por dejarle a su heredero,
Si va a contar su dinero
Y halla el candado rompido.
Buena suerte le ha cabido.

Al que tiene en la justicia
Confiados sus intereses,
Y al cabo de ochenta meses
Sabe por primer noticia,
Que el contrario (sin malicia)
Con oro se ha defendido,
Buena suerte le ha cabido.

Al cazador que anda alerta
En busca de una perdiz,
Si ve que por un desliz

Otro cazador le acierta,
Y advierte que viene muerta
La perdiz que había querido
Buena suerte le ha cabido.

Al que seis horas hablando
Oye en junta los Galenos
De exóticas frases llenos
A las Parcas invocando,
Y sale el pobre temblando
Sin haberlas entendido,
Buena suerte le ha cabido.

Al que ansioso se encomienda
Al peligro de los mares,
Sufriendo diez mil pesares
Por lograr una prebenda,
Y gasta toda su hacienda
Sin haberla conseguido,
Buena suerte le ha cabido.

Al que buscando fortuna
Su edad juvenil pasó
Quedándose como yo
En los cuernos de la Luna,
Sin hallar persona alguna
Que lo haya favorecido,
Buena suerte le ha cabido.

Epigramas

Como suele en viva llama
Pronto arder la Mariposa;
Así la vista curiosa
Se quema en un epigrama:
Y si es el estilo terso,
Claro y lleno de alusiones,
Puedan bien, cuatro renglones
Incendiar el Universo.

Rezaba un sepulturero
Por el doctor del lugar,
Luego que se iba a acostar,
Devoto un trisagio entero:
Pregúntale su mujer
Por quien oraba, y él dice:
«Ruego por que se eternice
El que nos da de comer.»

Encontrose un bandolero
Con cierto escribano un día,
Y quitándose el sombrero
Le hizo a aquel su cortesía:
El escribano dio indicio
De que extrañaba el halago;
Mas el otro dijo: «lo hago
Porque somos de un oficio».

Para una enferma apurada
A un médico se llamó

Con tal prisa, que salió
Sin el bastón, ni la espada:
No importa que esto se note,
Dijo con modesto labio,
Que en mi oficio mata el sabio
Sin espada ni garrote.

Un acreedor eficaz
Cobró a Blas cuando moría,
Y éste al acreedor decía,
Déjame morir en paz
¿Conque morirte prefieres?
Dijo el otro, pues no quiero,
Paga la deuda primero
Y muere cuando quisieres.

Cierto alcalde corcovado
Que la justicia vendía,
Con otro alcalde reñía
Porque andaba descarriado:
El reñido con despecho
Respondió, diciendo: «amigo,
Contra mí no es buen testigo
El que no anda muy derecho».

A visitar un vicario
El Doctor Don Gil entró,
Y el sacristán que lo vio
Se fue al punto al campanario;
Pero al irse dijo: «advierto
Que si Dios no nos socorre,
De aquí a que llegue a la torre
Bien puedo tocar a muerto».

Libros a la carta

A la carta es un servicio especializado para
empresas,
librerías,
bibliotecas,
editoriales
y centros de enseñanza;
y permite confeccionar libros que, por su formato y concepción, sirven a los propósitos más específicos de estas instituciones.

Las empresas nos encargan ediciones personalizadas para marketing editorial o para regalos institucionales. Y los interesados solicitan, a título personal, ediciones antiguas, o no disponibles en el mercado; y las acompañan con notas y comentarios críticos.

Las ediciones tienen como apoyo un libro de estilo con todo tipo de referencias sobre los criterios de tratamiento tipográfico aplicados a nuestros libros que puede ser consultado en Linkgua-ediciones.com.

Linkgua edita por encargo diferentes versiones de una misma obra con distintos tratamientos ortotipográficos (actualizaciones de carácter divulgativo de un clásico, o versiones estrictamente fieles a la edición original de referencia).

Este servicio de ediciones a la carta le permitirá, si usted se dedica a la enseñanza, tener una forma de hacer pública su interpretación de un texto y, sobre una versión digitalizada «base», usted podrá introducir interpretaciones del texto fuente. Es un tópico que los profesores denuncien en clase los desmanes de una edición, o vayan comentando errores de interpretación de un texto y esta es una solución útil a esa necesidad del mundo académico.

Asimismo publicamos de manera sistemática, en un mismo catálogo, tesis doctorales y actas de congresos académicos, que son distribuidas a través de nuestra Web.

El servicio de «libros a la carta» funciona de dos formas.

1. Tenemos un fondo de libros digitalizados que usted puede personalizar en tiradas de al menos cinco ejemplares. Estas personalizaciones pueden ser de todo tipo: añadir notas de clase para uso de un grupo de estudiantes, introducir logos corporativos para uso con fines de marketing empresarial, etc. etc.

2. Buscamos libros descatalogados de otras editoriales y los reeditamos en tiradas cortas a petición de un cliente.

LK

www.ingramcontent.com/pod-product-compliance
Lightning Source LLC
Chambersburg PA
CBHW032051040426
42449CB00007B/1065